BOÎTES HABILLÉES

jean-michel fey-kirsch

GRÜND

Garantie de l'éditeur
Malgré tous les soins apportés à sa fabrication, il est malheu-
reusement possible que cet ouvrage comporte un défaut d'im-
pression ou de façonnage. Dans ce cas, il vous sera échangé
sans frais. Veuillez à cet effet le rapporter au libraire qui vous
l'a vendu ou nous écrire à l'adresse ci-dessous en nous préci-
sant la nature du défaut constaté. Dans l'un ou l'autre cas, il
sera immédiatement fait droit à votre réclamation.
Librairie Gründ - 60 rue Mazarine - 75006 Paris

Projet éditorial de L'Aventurine.
Photographies de Jean-Pierre Peersman

Première édition française 1998 par Librairie Gründ, Paris.
ISBN : 2-7000-5542-X
Dépôt légal : janvier 1998.
© Librairie Gründ, Paris, 1998.

Achevé d'imprimer sur les presses de
Grafedit à Azzano San Paolo - Italie
en janvier 1998.

SOMMAIRE

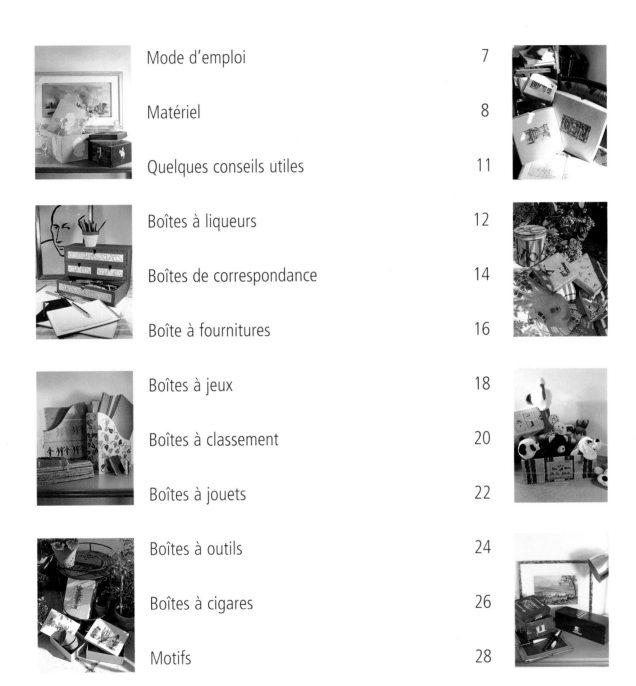

MODE D'EMPLOI

Organisez vos placards, personnalisez votre maison de la façon la plus inattendue, la plus amusante, avec toujours beaucoup de fraîcheur. Pour cela, récupérez des boîtes de toutes sortes ou achetez-les vierges dans les grandes surfaces spécialisées dans la décoration et l'aménagement de la maison.

Dans ce livre, vous trouverez des exemples de boîtes à décorer suivant différentes techniques, des conseils et des astuces, ainsi qu'une sélection de motifs qui vous permettront de créer vous-même vos propres décors. Il vous suffit pour cela de suivre les conseils techniques donnés dans la première partie, et de reproduire les motifs choisis parmi ceux, très nombreux, que nous vous offrons dans la deuxième partie, en les décalquant ou en les photocopiant.

MATÉRIEL

Voici une liste d'outils et de matériaux qui vous permettra de réussir les projets que nous vous proposons dans les pages suivantes.
Achetez votre matériel en fonction du travail à réaliser. Il n'est pas nécessaire de tout vous procurer en même temps.

Pour les boîtes à liqueurs

- Boîtes en bois blanc

- Un pinceau brosse plat moyen (spalter)

- Tubes de peinture acrylique

- Rodhoïd pour photocopieur

- Un scalpel et ses lames de rechange

- Une plaque de verre pour la découpe

- Une bombe de colle repositionnable

- Une pointe à graver pour la linogravure

- Une paire de ciseaux

- Une feuille de papier de verre n° 00

- Un petit flacon de vernis à l'eau mat

Pour les boîtes de correspondance

- Boîtes gigognes en carton naturel

- Papier A4, 80 g

- Une paire de ciseaux

- Un rouleau de ruban adhésif de masquage

- Un crayon à papier HB

- Une bouteille de trichloréthylène

- Coton hydrophile

Pour la boîte à fournitures

- Une boîte à tiroirs en bois blanc naturel
- Une éponge de cuisine
- Un pinceau brosse moyen plat
- Un pot de peinture à lasure
- Essuie-tout
- Un rouleau de ruban adhésif de masquage
- Un tube d'enduit fin de lissage
- Une petite spatule
- Un pinceau fin

Pour les boîtes à jeux

- Boîtes rondes en carton
- Un crayon à papier HB
- Un rouleau de ruban adhésif de masquage
- Tubes de peinture acrylique
- Un pinceau brosse plat moyen
- Papier calque
- Vernis à l'eau mat ou brillant

Pour les boîtes à classement

- Boîtes à classement en bois naturel ou verni, ou classeurs en carton épais
- Une éponge de cuisine
- Papier A4, 80 g
- Rodhoïd épais
- Un scalpel et ses lames de rechange
- Une plaque de verre
- Tubes de peinture acrylique
- Un pochon ou une brosse ronde
- Un rouleau mousse
- Un petit pot de vernis à l'eau satiné
- Une bombe de colle repositionnable

Pour les boîtes à jouets

- Caisses à vin
- Une perceuse et ses mèches à bois
- Une feuille de papier de verre moyen
- Tubes de peinture acrylique
- Un rouleau en mousse de 4 cm de large
- Un stylo feutre métallisé argenté
- Une feuille de carton épais

- Une bouteille de trichloréthylène

- Une spatule en bois

- Une feuille de métal

- Un scalpel et ses lames de rechange

- Colle

- Clous de tapissiers ou de cordonniers

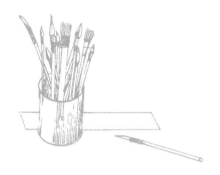

- Boîtes en carton

- Toile adhésive

- Un crayon à papier HB

- Papier A4, 80 g

- Un rouleau de ruban adhésif de masquage

- Une bouteille de trichloréthylène

- Coton hydrophile

- Peinture à l'eau (gouache ou aquarelle)

- Peinture acrylique

- Une bombe de fixatif à fusain

- Boîtes en bois avec couvercle

- Une éponge de cuisine

- Papier A4, 80 g

- Papier de verre moyen, fin et très fin

- Un petit pot de vernis à l'eau satiné

- Pigments de couleur

- Un pinceau fin

- Un pinceau brosse souple moyen

- Une paire de ciseaux à ongles courbes

- Colle PVA

- Vernis à l'huile

LES TECHNIQUES EMPLOYÉES

Boîtes à liqueurs : pochoir inversé gravé à la pointe
Boîtes de correspondance : transfert
Boîte à fournitures : gravure sur enduit
Boîtes à jeux : transfert peint
Boîtes à classement : pochoir
Boîtes à jouets : transfert
Boîtes à outils : transfert et aquarelle
Boîtes à cigares : collage verni

Quelques conseils utiles

- Il n'est pas nécessaire de tout acheter, il est également possible de récupérer des boîtes usagées pour les décorer et les personnaliser ensuite.

- Achetez le matériel en petite quantité car les projets que nous expliquons sont de petite dimension.

- Utilisez de préférence des produits à l'eau.

- N'hésitez pas à investir dans un scalpel et ses lames de rechange. Il est impossible d'obtenir le même résultat avec des ciseaux ! D'autre part, le scalpel est plus maniable que le cutter.

- Pour les transferts, il faut effectuer un essai au préalable, à l'envers du support par exemple, car certaines matières ne se prêtent pas à cette technique. Essayez sur plusieurs supports avant de commencer les projets.

- Ne détrempez jamais les photocopies des motifs avec le trichloréthylène, mais humidifiez-les simplement au verso.

- Évitez les supports glacés ou filmés car les motifs transférés n'y adhèrent pas.

- Évitez de préparer de grandes quantités de peinture acrylique, car lorsqu'elle est sèche elle est inutilisable.

BOÎTES À LIQUEURS

Prêtes à vivre, posées sur une console, elles jouent les rayures et les couleurs tendres. Leurs motifs accueillent les amis. Carafes et verres en cristal, tous brillent de mille feux et offrent à la lueur du soir leurs trésors de grenats.

1 Choisissez plusieurs boîtes en bois blanc et passez-les à l'éponge humide pour en éliminer la poussière. Vous pouvez également leur donner un coup de pinceau brosse sec.

Préparez dans un petit bol un mélange de peinture acrylique pour obtenir la couleur de votre choix. Prévoyez une seule couche épaisse et très peu diluée à l'eau.

Décalquez vos motifs sur du rodhoïd de moyenne épaisseur, puis découpez-les avec un scalpel.

Prévoyez un motif en rodhoïd par face, de préférence dans le même thème ou plus simplement six fois le même motif.

Vaporisez légèrement un peu de colle repositionnable en bombe au revers des motifs en rodhoïd et appliquez-les sur la boîte (un motif au centre de chaque face).

2 Avec un pinceau brosse de taille moyenne, appliquez rapidement la peinture en couche épaisse sur l'une des faces de votre boîte en recouvrant toute la surface, motif compris. Puis, sans attendre que la peinture sèche, gravez des rayures horizontales sur cette surface peinte afin d'éliminer la peinture et de faire réapparaître le bois à l'aide d'une pointe (manche d'un pinceau, peigne à cheveux, plat d'un tournevis...).

Retirez ensuite avec une aiguille ou la pointe de votre scalpel le pochoir en rodhoïd.

Laissez sécher et recommencez l'opération sur les cinq autres faces.

3 Lorsque la boîte est entièrement peinte et sèche, vous pouvez accentuer les rayures en les gravant une seconde fois avec une pointe à graver ou un outil fin et pointu, la pointe d'une paire de ciseaux par exemple. Avec un morceau de papier de verre fin n° 00, poncez les angles et polissez doucement pour marquer les arêtes.

Pour finir, vernissez avec un vernis à l'eau mat à l'aide d'un pinceau brosse plat de moyenne épaisseur. Laissez sécher.

CONSEILS MALINS !

Pour obtenir une surface peinte propre et lisse, n'hésitez pas à passer une éponge humide sur la boîte et à en poncer les arêtes.

Découpez le rodhoïd sur une plaque de verre, sa surface permet une découpe aisée et franche, la lame glisse dessus et ne pénètre pas dans le support.

Pour les rayures gravées, utilisez une règle comme guide.

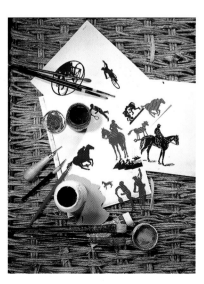

BOÎTES DE CORRESPONDANCE

Il y a des lettres que l'on voudrait relire sans cesse, et des petits mots que l'on aime avoir près de soi. Courrier, carnets ou cahiers de voyage, albums de souvenirs à protéger, à glisser dans vos bagages, tous trouveront leur place dans ces boîtes à secrets...

1 Les boîtes en carton existent dans des formes, des tailles et des couleurs variées. Pour ce travail, utilisez de préférence une boîte dont le carton est assez rugueux, poreux, naturel et ni glacé ni filmé. Certaines s'achètent par famille. Elles sont de tailles différentes et vous permettront de réaliser une petite collection.

Définissez un style, architectural par exemple, qui contraste bien avec la matière du carton.

Réalisez quelques photocopies des motifs en noir et blanc en les agrandissant en fonction de la taille que vous désirez obtenir sur la boîte.

Dans cet exemple, nous avons laissé le motif centré sur le couvercle.

2 Découpez les motifs (un ou plusieurs) photocopiés en prenant soin de bien laisser une marge autour du dessin pour permettre de le fixer sur le support.

Repérez le centre du couvercle de votre boîte et placez le motif à l'envers, encre contre le couvercle.

Fixez-le avec du ruban adhésif de masquage.

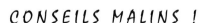

3 Imbibez une boule de coton avec un peu de trichloréthylène et passez-la délicatement sur tout le motif. Immédiatement après, appuyez de façon égale sur la photocopie. Puis, lorsque le papier est presque sec, passez de haut en bas une spatule en appuyant bien pour transférer le motif. Décollez légèrement un angle pour vérifier si le transfert est parfait ou non. S'il n'est pas parfait, recommencez l'opération une seconde fois. Attention ! Ne déplacez pas la photocopie. Vous pouvez également choisir de laisser le motif partiellement transféré.

Retirez ensuite délicatement la photocopie et le ruban adhésif et laissez sécher.

CONSEILS MALINS !

Pour éviter, en retirant le ruban adhésif après l'opération, que des peluches de carton ne s'arrachent, appliquez celui-ci au préalable sur un morceau de tissu.

Avant de réaliser le transfert sur la boîte, testez le motif sur un autre support pour vérifier qu'il garde toute sa lisibilité après transfert.

BOÎTE À FOURNITURES

Rencontrés dans un atelier, les petits meubles à tiroirs participent au travail de l'artisan. L'objet est soudain transformé entre les mains de l'artiste. Ce ne sont plus des boîtes de rangement, mais un peu de vie qui rend le décor personnel et chaleureux.

1 Pour réaliser ce projet, vous pouvez utiliser toutes sortes de boîtes à tiroirs en bois blanc naturel. Passez sur l'ensemble de la boîte une éponge légèrement humide afin d'éliminer la poussière. Prenez un pinceau brosse moyen plat pour appliquer la peinture de fond. Utilisez pour cela un petit pot de peinture à lasure, de préférence un produit naturel à l'eau (plus facile à nettoyer) ce qui protégera le bois tout en rehaussant son veinage. Avec votre pinceau, appliquez généreusement la peinture partout sur la boîte. Après 30 minutes environ, enlevez l'excédent de pigment avec un chiffon ou un essuie-tout, puis laissez sécher 6 à 10 heures.

2 Pour réaliser les dessins sur les tiroirs, commencez par masquer le tour de la face des tiroirs pour éviter un débordement d'enduit et obtenir des côtés nets. Lorsque vous aurez effectué cette opération avec du ruban adhésif de masquage, mettez de l'enduit fin de lissage dans une petite soucoupe. Appliquez l'enduit de façon homogène avec une petite spatule afin de bien recouvrir la surface que vous avez délimitée.

3 N'attendez pas trop longtemps, sous peine de voir l'enduit sécher, et dessinez à main levée un motif en le gravant à l'aide du manche d'un pinceau, d'une allumette ou d'une pointe fine, selon l'épaisseur du trait que vous désirez obtenir. Petit à petit, éliminez l'enduit qui s'accumule sur la pointe de votre outil. Retirez ensuite délicatement les bandes adhésives et laissez sécher.

CONSEILS MALINS !

Vous pouvez préparer votre enduit de lissage à l'avance.
Cet enduit peut être teinté en le mélangeant à de la gouache diluée à l'eau.
Pour varier l'effet de matière de l'enduit, vous pouvez le mélanger à d'autres éléments comme du sable ou de la sciure fine...
Étalez-le toujours avec une spatule souple en ayant au préalable masqué les contours avec du ruban adhésif.

Éclats de rire des enfants sur un air de carnaval. Des boîtes habillées et le ton est donné. Quelques rayures juxtaposées, des lettres peintes, coloriées, découpées et collées donnent aux boîtes un caractère inattendu, comme pour une fête.

1 Sur des boîtes rondes en carton, tracez au crayon à papier des bandes d'environ 3 cm de large, espacées de 5 cm les unes des autres. Tracez-les verticalement ou horizontalement sur le pourtour et le couvercle.

Masquez ensuite ces bandes avec du ruban adhésif de masquage (selon votre choix, vous pouvez masquer les bandes les plus larges ou les plus étroites).

Préparez dans une coupelle une couleur vive de peinture acrylique moyennement diluée. Avec un pinceau brosse souple plat de moyenne épaisseur, peignez la boîte et laissez sécher après avoir retiré les bandes de ruban adhésif.

2 Choisissez ensuite les motifs que vous désirez reproduire. Photocopiez-les sur une feuille de calque en les agrandissant selon la taille que vous désirez obtenir pour décorer vos boîtes.

Si vos motifs sont des lettres ou des chiffres, photocopiez-les une deuxième fois à partir de votre calque en le posant à l'envers sur la vitre du photocopieur (encre vers vous) afin d'obtenir une photocopie négative. Ceci vous permettra de rétablir, après transfert des motifs sur le support, le bon sens des lettres ou des chiffres.

Placez ensuite sur vos boîtes les lettres découpées avec 2 cm de rebord et maintenez-les sur les parties encore vierges de la boîte avec du ruban adhésif de masquage.

3 Pour finir, utilisez de la peinture acrylique de couleur vive pour colorier les motifs au pinceau. Laissez bien sécher. Passez ensuite plusieurs couches de vernis mat ou brillant à l'eau.

Laissez sécher une heure entre les différents passages.

CONSEILS MALINS !

Pour tracer les bandes, utilisez du ruban adhésif de masquage qui servira de cache pour la peinture.

Choisissez des lettres ou des chiffres faciles à colorier : personnages, animaux, fleurs...

BOÎTES À CLASSEMENT

Quand les classeurs jouent le décor, s'animent, bougent et que les couleurs se mélangent les unes avec les autres. Attrapés au vol, les motifs varient et leurs couleurs jouent les camaïeux.

1 Ces projets peuvent être réalisés sur des boîtes à classement en bois blanc naturel ou verni, mais aussi sur des classeurs en carton épais que l'on trouve dans de nombreux commerces.

Époussetez les boîtes au pinceau brosse ou encore à l'éponge humide afin d'enlever la poussière qui pourrait se mélanger à la peinture ou au vernis.

Choisissez un motif que vous multiplierez à l'infini (feuilles, formes géométriques, etc.).

Photocopiez ce motif sur du rodhoïd transparent épais, puis découpez-le avec un scalpel sur une plaque de verre.

2 Préparez dans des petits pots de verre une couleur de peinture acrylique que vous dégraderez avec du blanc 4 à 5 fois pour obtenir cinq teintes différentes. Diluez peu la peinture acrylique au sortir du tube, car pour tamponner sur un pochoir il est préférable de travailler avec une peinture épaisse.

Vaporisez un peu de colle repositionnable en bombe sur l'envers du pochoir et appliquez-le sur le bois.

Prenez la couleur la plus claire. Avec un pochon ou une brosse ronde et peu de peinture, remplissez petit à petit le pochoir. Retirez le rhodoïd et laissez sécher. Recommencez avec la même couleur jusqu'à recouvrir la boîte partiellement.

Prenez ensuite tour à tour les autres teintes, de plus en plus foncées, et superposez les motifs sur les pochoirs déjà secs. Éparpillez le décor au fur et à mesure que la densité des couleurs augmente.

Pour finir, vous obtenez un dégradé du même motif qui recouvre entièrement ou partiellement le bois.

3 Lorsque tous les pochoirs sont bien secs, passez une première couche de vernis satiné à l'eau et laissez sécher jusqu'à ce que la surface vernie ne soit presque plus collante, puis passez une seconde couche. Laissez sécher 24 heures.

Recommencez l'opération en appliquant des couches successives jusqu'à ce que l'épaisseur de la peinture ne soit plus sensible au toucher.

CONSEILS MALINS !

Plus le motif sera simple, plus vous pourrez le multiplier sur votre support et varier les couleurs.

Pour poser les couleurs, il est préférable d'aller de la plus claire à la plus foncée afin que le motif du dessous n'apparaisse pas.

BOÎTES À JOUETS

Les caisses servaient au transport du vin et respirent encore la douceur du pays. Rudimentaires à la campagne et sophistiquées à la ville, les caisses à vin que l'on décore avec tant de soin deviennent rangements revisités.

1 Les caisses à vin permettent de créer un grand nombre de rangements, elles sont solides et faciles à travailler. Choisissez une caisse et, afin de pouvoir réaliser des poignées, percez deux trous avec une perceuse soit sur un seul côté (centrés), si vous désirez vous en servir comme un tiroir, soit sur deux faces opposées pour pouvoir la porter. Éliminez les échardes dues à la perceuse avec un peu de papier de verre.

Prenez ensuite une assiette dans laquelle vous verserez de la peinture acrylique à peine diluée. Avec un rouleau en mousse de 4 cm de large, peignez des rayures à l'extérieur de la caisse. Laissez sécher.

Puis avec un stylo feutre métallisé, tracez sur l'extérieur et le centre de vos rayures peintes une ou plusieurs fines rayures d'argent. Laissez sécher le tout.

2 Sur un rectangle de carton, transférez quelques motifs en silhouettes qui vous permettront d'identifier le contenu des boîtes de rangement. Placez vos photocopies à l'envers sur le carton et fixez-les avec du ruban adhésif de masquage.

Imbibez un coton de trichloréthylène et passez-le sur l'envers de la photocopie. Lissez ensuite avec une spatule en bois et retirez la photocopie.
Laissez sécher.

3 Coupez ensuite une feuille de métal à une dimension supérieure au carton imprimé de motifs. Faites une fenêtre de dimensions inférieures au carton dans cette feuille de métal. Évidez au scalpel.

Posez à plat et mettez un trait de colle au dos de la feuille de métal ajourée, puis collez-la sur le carton imprimé en vérifiant qu'il soit bien centré. Retournez le surplus de métal sur le revers du carton.

Enfin, fixez-le à votre caisse à vin avec des clous de tapissier ou de cordonnier.

CONSEILS MALINS !

Préparez les caisses à vin en éliminant les clous avec une pince, et les échardes en ponçant les planches.
Vous pouvez fixer toutes sortes de poignées sur les caisses à vin : poignées de portes, de placards, de tiroirs. Vous pouvez également les percer pour y fixer des nœuds, des cordes, des rubans...

Du jardin à la remise, histoire de ne pas voir se fâner les fleurs ou les brindilles ramassées le temps des vacances, les boîtes à outils et accessoires gardent un air aussi frais que les herbes du potager.

1 Pour réaliser ces projets, utilisez une collection de boîtes de même famille afin d'obtenir un résultat uniforme pour agencer un placard, des étagères, des tiroirs, etc.

Habillez ces boîtes en les recouvrant de toile adhésive unie ou à motifs (petits carreaux par exemple ou kraft). Lorsqu'elles sont prêtes, mesurez au crayon un rectangle centré sur leur couvercle. Ceci vous permettra de définir les marges autour du motif, ainsi que son format.

2 Choisissez, sur des planches botaniques ancien-nes, des fleurs ou des plantes sur pied, dessinées au trait. Photocopiez-les en les agrandissant ou en les réduisant en fonction de l'emplacement que vous aurez prévu sur les boîtes.

Lorsque tous ces motifs sont choisis et photocopiés au bon format, placez-les sur les couvercles en prenant soin de garder une bordure pour les coller avec du ruban adhésif de masquage.

Prenez une boule de coton légèrement imbibée de tri-chloréthylène et humidifiez l'envers de la photocopie. Lissez délicatement la photocopie avec une spatule en bois après avoir laissé évaporer le restant de trichloré-thylène.

3 Décollez les photocopies, puis avec une palette de peinture à l'eau ou une palette d'aquarelle, coloriez les motifs au lavis. Laissez sécher et finissez les détails à l'acrylique.

Pour terminer, vaporisez du fixatif à fusain en bombe et laissez sécher.

CONSEILS MALINS !

Vous pouvez aussi recouvrir les boîtes avec du papier.
Celui-ci ne devra pas être glacé, sinon la texture absorberait très mal l'encre au moment du transfert, et au moment du lissage l'encre diluée par le trichloréthylène formerait des empâte-ments entre la photocopie et la boîte.

BOÎTES À CIGARES

Il est des boîtes qui créent une atmosphère et transforment la maison. Elles contiennent des trésors et leur bois parfumé enchante ceux qui les entrouvrent.

1 Récupérez une vieille boîte en bois avec couvercle. Si besoin est, afin de la restaurer, passez un petit coup d'éponge humide pour éliminer la poussière.

Puis poncez délicatement et successivement avec du papier de verre moyen, puis fin et très fin, afin d'obtenir une surface bien lisse et douce.

Avec un pinceau, puis avec une éponge humide, éliminez la poussière.

Lorsque les surfaces sont bien propres et le bois redevenu naturel, vous pouvez préparer votre vernis.

2 Pour teinter le bois, utilisez un vernis satiné incolore ainsi que des pigments de couleur que vous pouvez mélanger au vernis. Dans ce projet, nous avons utilisé de la terre ombre calcinée.

Versez le vernis dans un petit récipient.

Prenez un peu de pigment avec un pinceau fin. Saupoudrez-le sur le vernis puis mélangez jusqu'à ce que celui-ci soit homogène. Plus vous ajouterez de pigment, plus la couleur sera foncée.

Avec un pinceau brosse souple moyen, passez une couche de vernis coloré. Laissez sécher 2 heures et recommencez l'opération jusqu'à obtenir une couche sèche, épaisse et lisse, de la couleur désirée.

3 Après avoir choisi un thème et des motifs, découpez-les avec de petits ciseaux à ongles en suivant bien leurs détails. Avant de coller les motifs, faites des essais de composition avec vos découpages. Chaque motif doit adhérer parfaitement pour éviter les bulles d'air.

Avec un pinceau fin, étalez de la colle PVA, soluble ou non à l'eau, sur l'envers du motif en recouvrant bien tout le papier. Posez le découpage et appuyez fermement ; laissez sécher.

Vernissez ensuite la boîte par-dessus le motif. Utilisez un vernis à l'eau pour protéger le motif, en dix couches, avec 30 minutes de séchage entre chaque couche. Superposez les couches en respectant le temps d'attente pour le séchage.

Passez ensuite plusieurs couches de vernis à l'huile (attendez 24 heures entre chaque couche). Laissez sécher une bonne semaine.

CONSEILS MALINS !

Afin de réaliser des couches de vernis lisses et uniformes, utilisez toujours un pinceau très souple. N'hésitez pas à lisser le vernis jusqu'à ce qu'il s'épaississe sur le support. Tirez le vernis en éliminant toutes les bulles de la surface. Laissez bien sécher entre chaque couche pour éviter qu'elles ne travaillent et que l'une d'elles ne craquèle.

MOTIFS

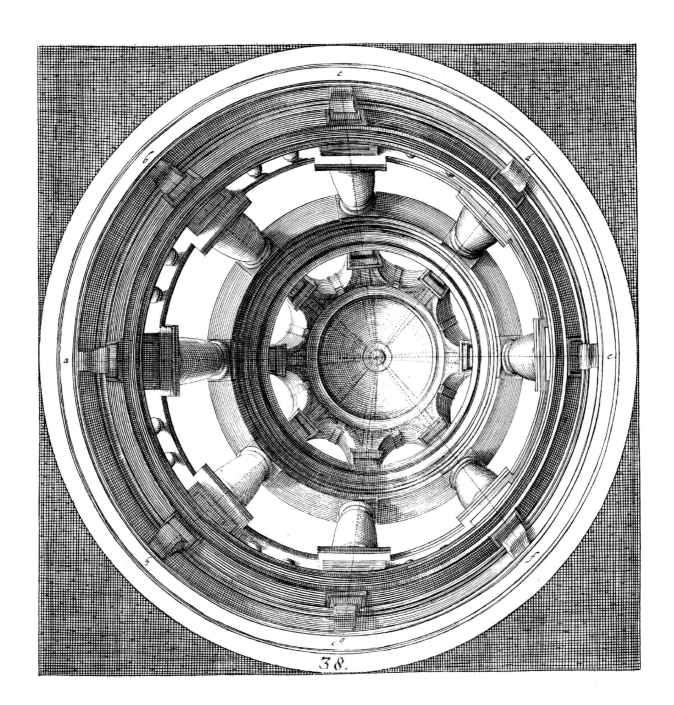

38.

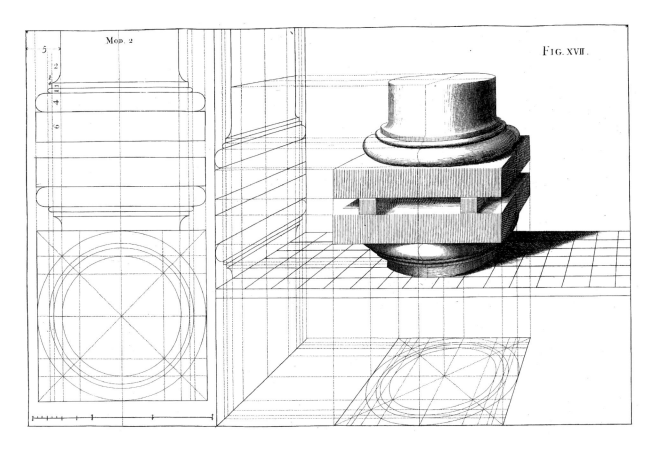

Mod. 2

FIG. XVII.

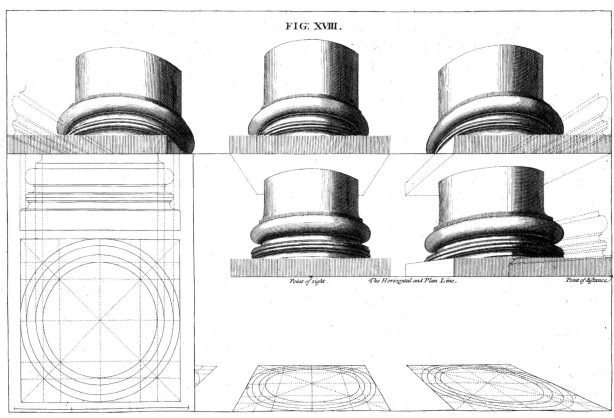

FIG. XVIII.

Point of sight.   *The Horizontal and Plan Line.*   *Point of distance.*

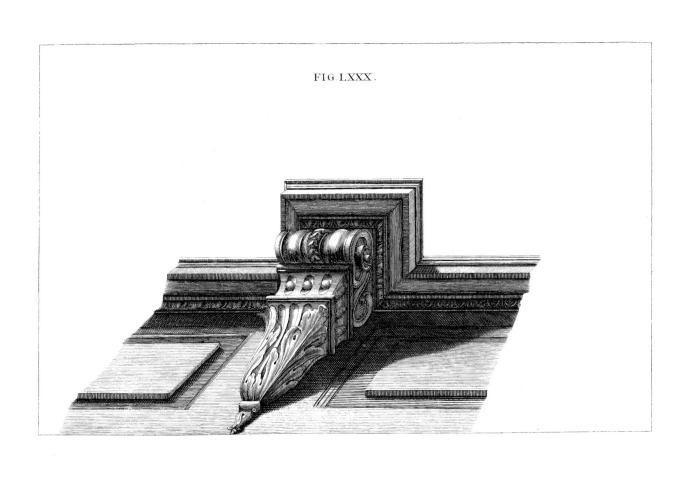

FIG. LXXX.

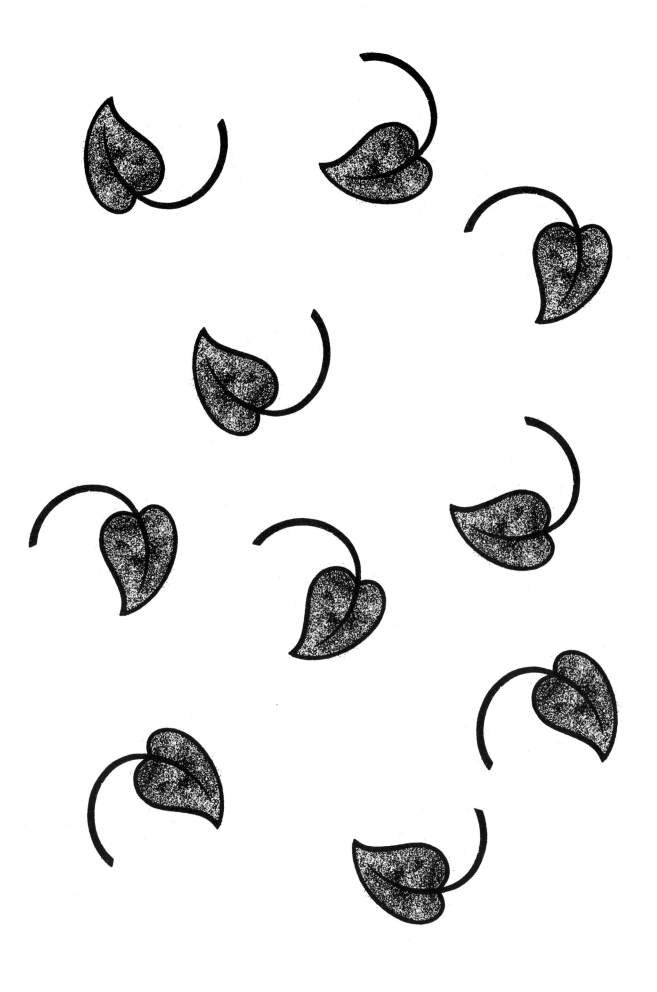

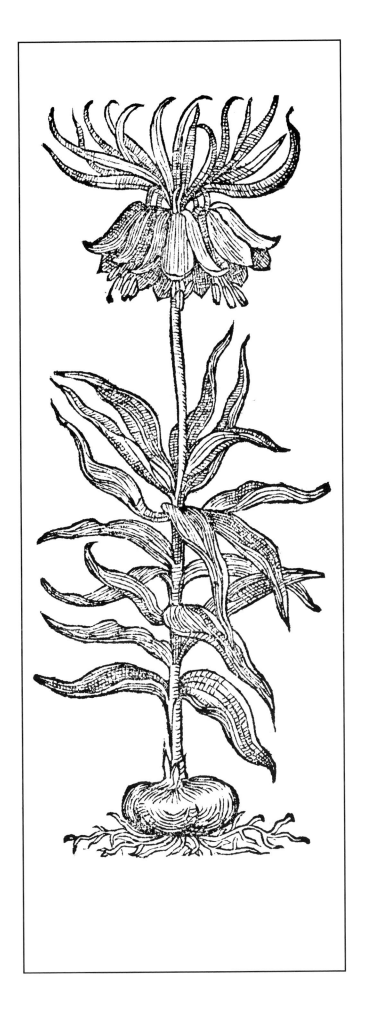
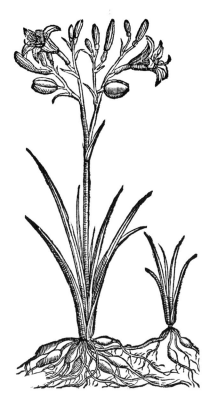

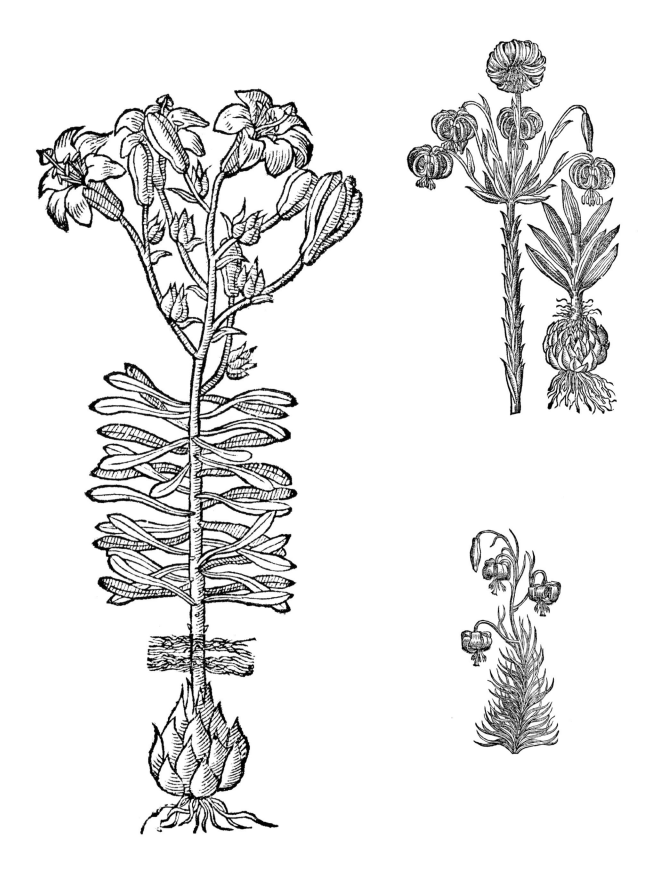

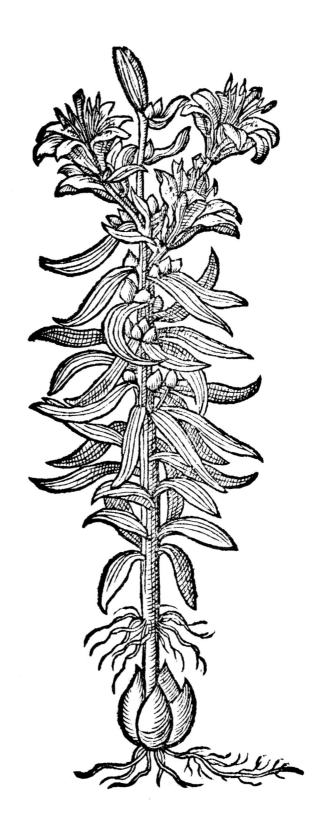

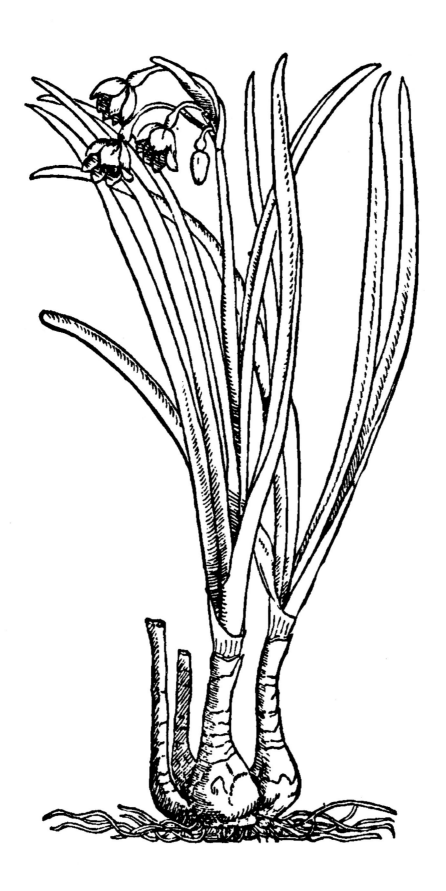

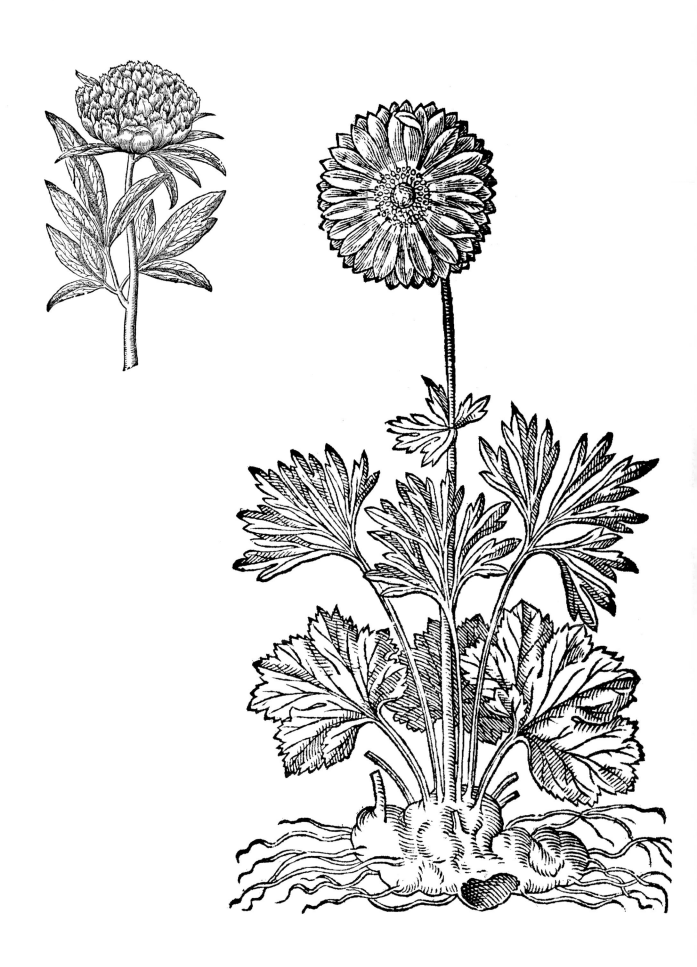

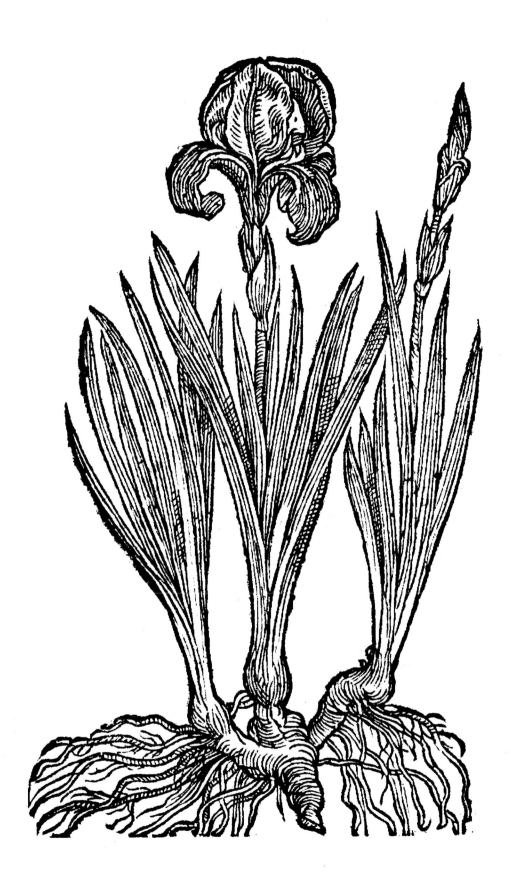

A B C D

E F G H I

J K L M

N O P Q R

S T U V

W X Y Z

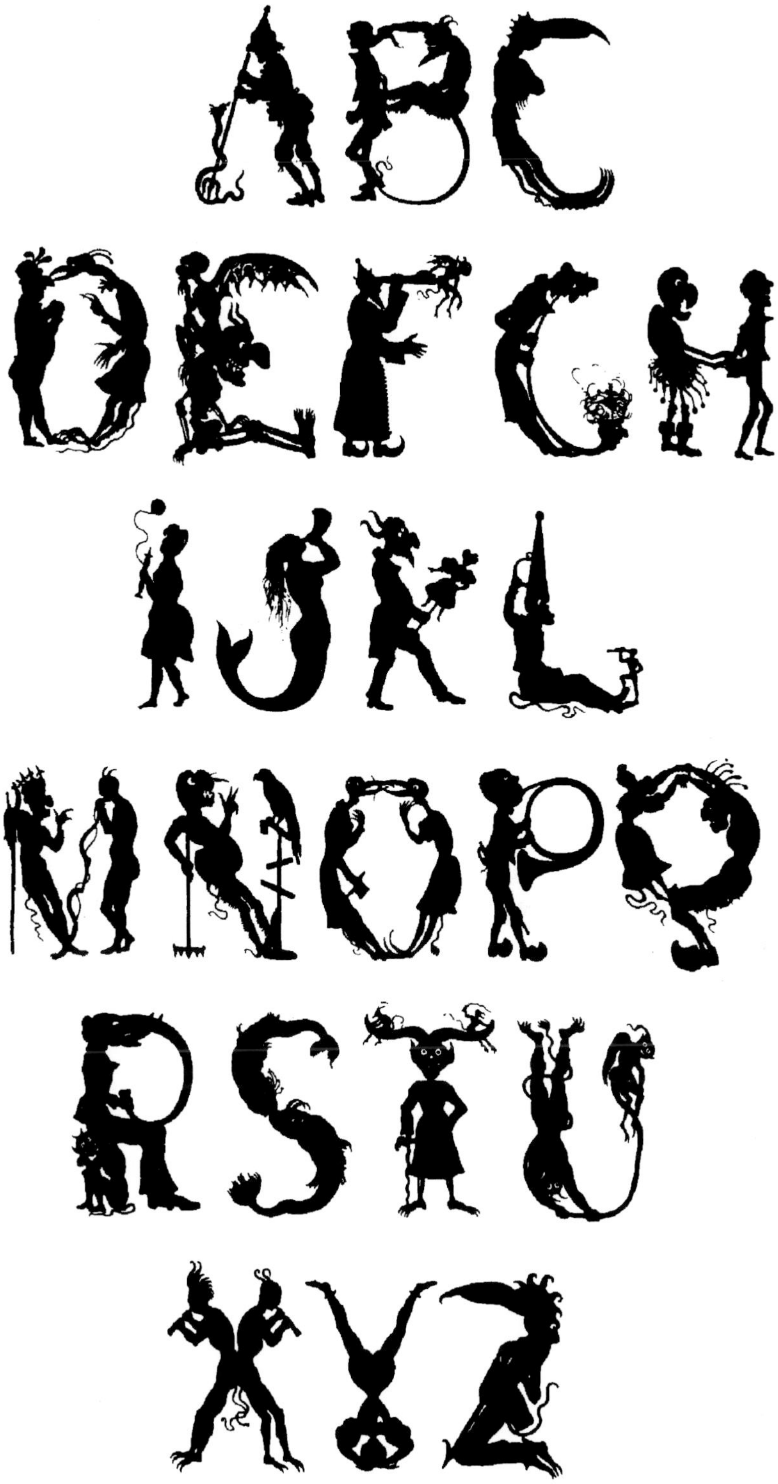
ABC
DEFGH
IJKL
MNOPQ
RSTU
XYZ

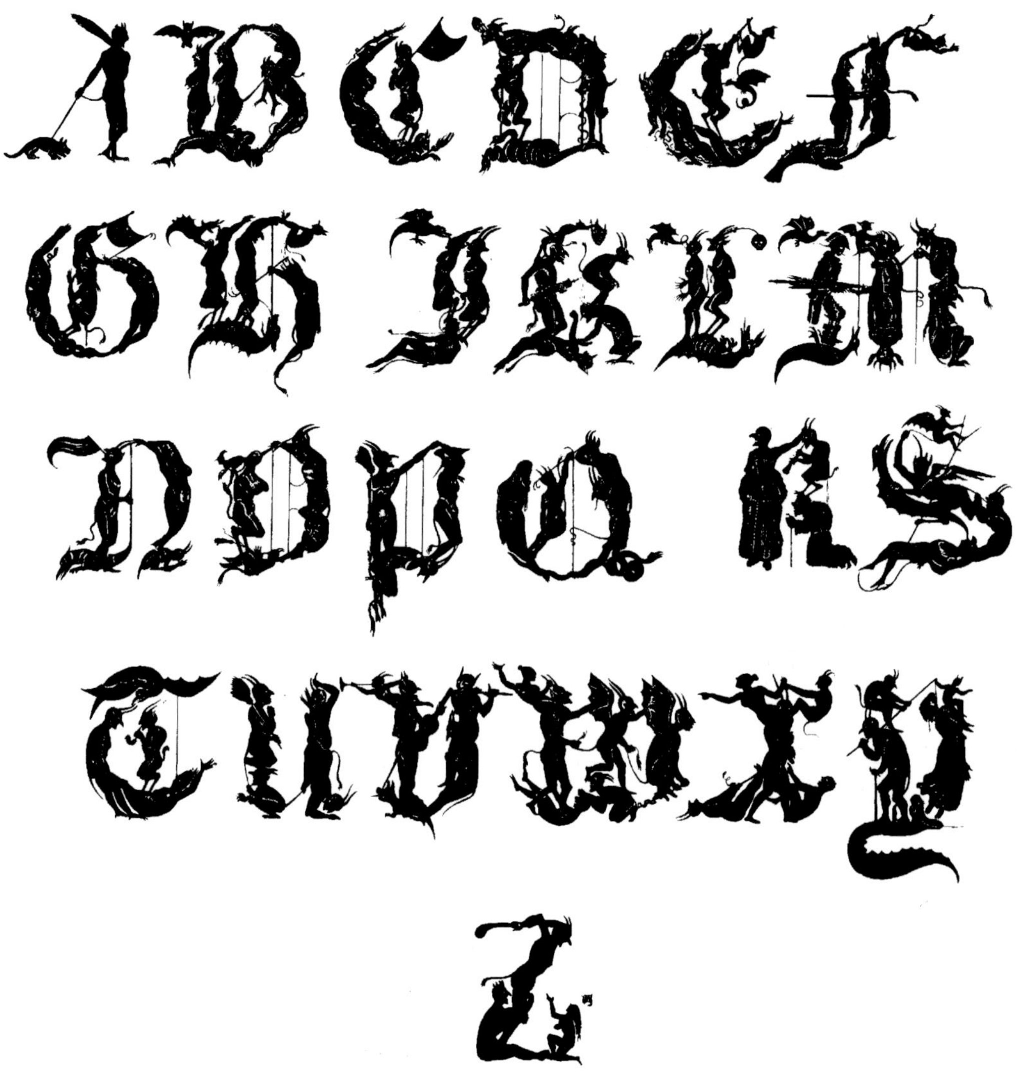
ABCDEF
GH IKLM
NOPQ RS
TUVWXY
Z

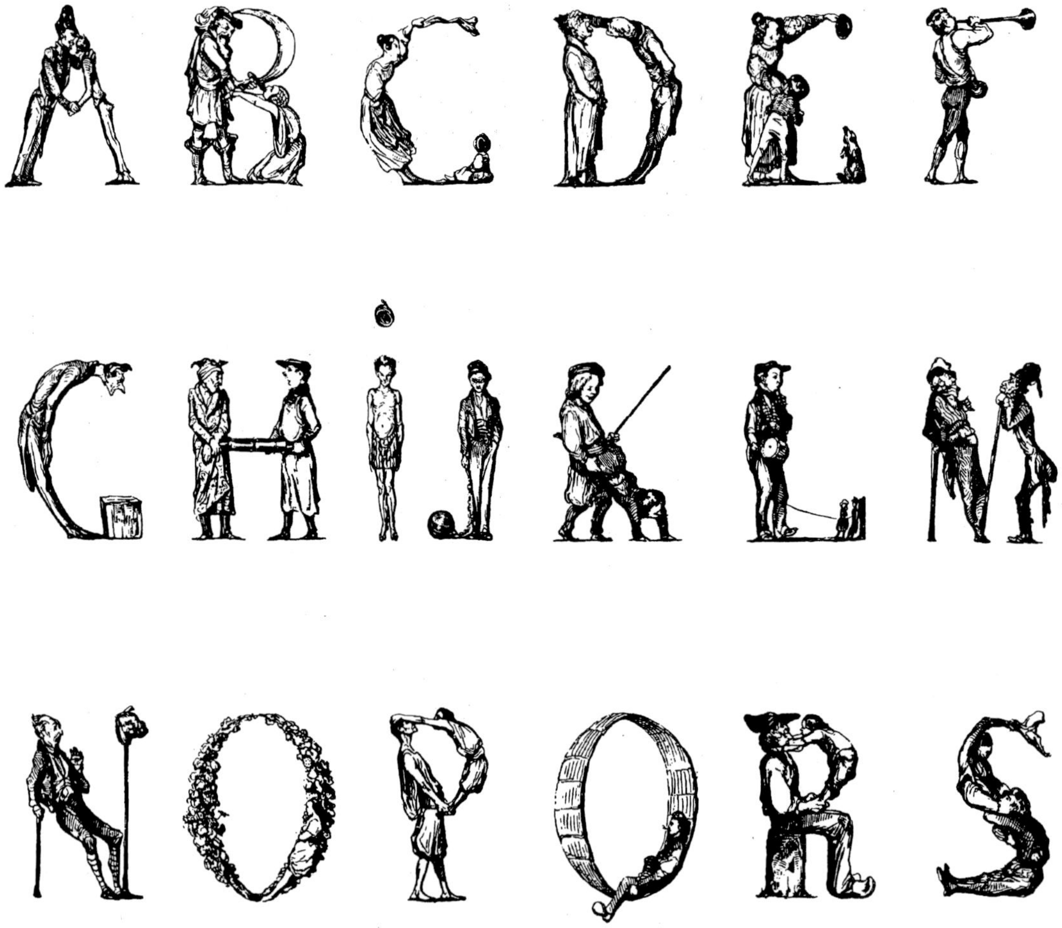

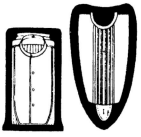

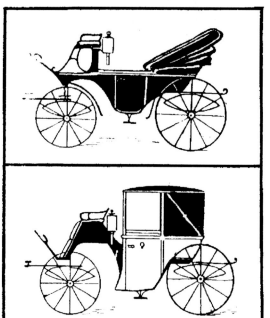

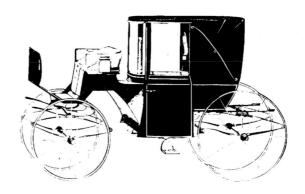